Werner Schmidt-Faber

Das verdrehte Geschlecht

und andere komische Reimereien

Inhalt

Teil I:

Zwischen Spaß und Spott

Urlaubsfreuden – Urlaubsleiden

Das Leben hat sehr oft zwei Seiten.
Das lässt sich plastisch unterbreiten
am Badeurlaub beispielsweise:
Man unternimmt 'ne solche Reise
ja nicht, um sich groß abzuhetzen,
vielmehr um flockig, unbeschwert,
sich dort halbnackt und wohlgenährt
den Sonnenstrahlen auszusetzen.

Du spürst die Glut auf Bauch und Rücken.
Du blickst aufs Wasser, auf die Schiffe,
auf Wellen, auf die wilden Riffe.
Du siehst die Gischt. Doch siehst du auch
- und dieses wird dich kaum beglücken -
auf deinen kugeligen Bauch,
auf dem das helle Sonnenlicht
im Spiegel seine Strahlen bricht.

Was sonst dank Sakko, Pulli, Hemd
sogar dem eignen Blicke fremd,
erweist sich nun ganz ungedämmt
als speckig, prall und aufgeschwemmt.

Nun sehn ich mich nach Wintersport.
Ein frostig-kalter Urlaubsort,
das wär' jetzt eher mein Geschmack,
mit Schal, Pullover, Anorak.

Im Bürgerbräu von Süffelrath

Die Zechgesell'n von Süffelrath,
die sitzen, wenn der Abend naht,
im Bürgerbräu, leicht separat,
bei Bier und Korn und spielen Skat.
Und mittendrin sitzt Müllers Franz,
ein Mann des Herzens und Verstands,
doch hängt daheim, höchst objektiv,
des Hauses Segen krumm und schief.

Wenn Franz zum Skat zu gehn geruht,
dann nörgelt Lisa, resolut.
Und umgekehrt packt ihn die Wut,
wann immer Lisa nörgeln tut.
Er findet dann in seinem Zorn
nur Trost bei Skat, bei Bier und Korn.
Hier zirkuliert, wie jeder weiß,
der selbst das Ehejoch ertragen,
ein tückisch-böser Teufelskreis.
Doch Franz gibt sich noch nicht geschlagen.
„Gefordert", sagt er „ist 'ne Tat
von Größe, Wärme und Format,
aus der Vertrauen, Liebe spricht
und die den Teufelskreis durchbricht."

Schon geht er schwanger mit 'nem Plan
und hat sich gestern, mit Elan,

im Gartencenter umgetan.
Und dort erwarb der Frau-Versteher
gleich neben einem Rasenmäher
auch Samen, Blumen, Dünger, Erde
– dass Lisa es zur Freude werde –
sowie, was ebenfalls nicht übel,
zwei Terracotta-Pflanzenkübel.
Dazu noch eine megaschwere
motorbestückte Heckenschere.

Woran die Lisa nämlich hängt,
woran bei Tag und Nacht sie denkt,
das ist ihr Garten mit den vielen
teils protzig großen, teils grazilen
Terrassen-, Zier- und Moorbeetpflanzen,
die, hoch betrüblich, jetzt, im Ganzen,
bedingt durch Wetterkapriolen
(besonders stark die Gladiolen),
verschandelt sind. So auch die Hecken,
die Rosen und das Goldfischbecken.

Für Franz ist klar: Jetzt muss er ran!
Dass er gesoffen, dann und wann,
und dass er Bäume, Büsche, Kräuter
so grob verwildern ließ, bereut er.

Er hat den Stammtisch heut, dosiert
für sieben Tage, ganz storniert.
Die Freunde wissen all Bescheid.
Die Gattin Lisa ist dagegen
von Franz bewusst nicht eingeweiht.
Und zwar der Überraschung wegen.

„Nun", sagt er stolz, „nun fang ich an.
Als Erstes kommt der Rasen ran."
Er schreitet pfeifend, frohgemut
zum Schuppen, wo das Werkzeug ruht.

Da sieht er Lisa. Hoch am Haus
lehnt sie zum Fenster sich hinaus.
„Was pfeifst du?", sagt sie, „sag, warum?
Was pfeifst du nur so blöd herum?
Kannst du den Rasen nicht mal mähn?
Kannst du den Dreck im Teich nicht sehn?
Und siehst du nicht, du meine Güte,
das Unkraut steht in voller Blüte!
Und hinten an der Pergola,
verdorren schon die Gerbera.
Wie stehn wir vor den Nachbarn da?"

Der Franz bleibt stehen, kreidebleich,
es werden ihm die Waden weich.

Getrübt ist seine gute Laune.
Und als die Nachbarn hinterm Zaune
vernehmlich kichern, leis, doch dreckig,
verfärbt die Haut sich rot und fleckig.
Adrenalin schießt ihm ins Blut.
Er stockt, ihn übermannt die Wut.
Die edlen Pläne sind zuschanden.
Auch kommt die Spucke ihm abhanden.
Er zückt sein Smartphone rasch. Und dann
simst er sogleich die Kumpel an,
den Philipp, Lars und Waldemar.
Das Ziel der Freunde, das ist klar.

Im Bürgerbräu von Süffelrath,
da sitzen sie, leicht separat,
bei Bier und Korn und spielen Skat.

Das Smartphone
und die smarte Dame

So 'n Smartphone kommt mir sehr entgegen
bereits der Spielereien wegen.
Und für den täglichen Gebrauch
ist's supergeil und nützlich auch.
Es spart enorm, dank GPS,
an Qual und Aufwand, Geld und Stress
und bringt besonders dir Gewinn,
willst du zu einem Treffen hin.

Entsprechend hab auch ich es jetzt
höchst vorteilsdienlich eingesetzt,
da mein Freund Patrick, er und ich,
nach langen Jahren, sehnsüchtig,
zu beiderseit'gem Wohlergehn
uns endlich wollten wiedersehn.

Ein Restaurant aus rotem Stein,
das sollte unser Treffpunkt sein.
Es ist präzise 19 Uhr.
Und zwischen Neon, Glitzer, Blinker
erstrahlt besagtes Haus aus Klinker.
Vom Pat indes fehlt jede Spur.
Ich frage mich: „Wo bleibt der nur?"
Doch auch bei solchem Übelstand

ist mir das Smartphone leicht zur Hand.
Ein kleiner Klick, und megaschnelle
ist Pat am andern End' zur Stelle.
„Du Patrick", sag ich, „alles klar?
Ich stehe hier unmittelbar
vor jenem Restaurant in Rot,
bin hungrig auf das Abendbrot."

„Oh Freund, vortrefflich, super, fein,
da muss ich dir ganz nahe sein.
Und du erkennst mich leicht und gut
an meinem großen gelben Hut."
„Am gelben Hut? So leid's mir tut.
In dieser weiten Menschenflut,
da gibt es zwar, so weit ich schau,
der Hüte viel, doch nur in Grau."

Und ich erkläre ihm sogleich,
mit lauten Worten, gestenreich,
dass links 'nen Kirchturm ich erblicke
und rechts ein Stadttor und 'ne Brücke.

Derweilen lacht (mir schräg zur Seite)
'ne Frau mich an, in aller Breite.
„Nicht unhübsch", denk ich „das Gesicht".

Doch ich schau weg, ich kenn sie nicht,
und höre grad, wie Pat erklärt:
„Oh, je, ich glaub, du bist verkehrt,
ich habe leider nicht bedacht,
das rote Haus, wie abgemacht,
das hat zwei Fronten, vorn und hinten.
Hier vorn gibt's Restaurants und Pinten.
Und hinten, offenbar bei dir,
hab'n Rotlichtschwalben ihr Revier.
Du hast dein Smartphone doch dabei:
Nimm Google Maps, und mühefrei
bist du gleich hier: Am Südplatz 2.“

Und wieder lacht die Frau mich an
und stupst mich gar und sagt: „Oh Mann“,
und kichert leis, „sei'n Sie nicht dumm!
Warum drehn Sie sich nicht mal um?“

Ich denke mir: „Was soll der Flachs?“,
und schwing mich hastig um die Achs
und prall bei dieser Rotation
auf 'ne dämonische Person,
die, von mir zunächst abgewandt
und mit 'nem Smartphone in der Hand,
sich gleichfalls umdreht, männlich, finster.

Mir stockt der Atem, stockt das Blut.
Doch dann entspannt der sich und grinst er.
Und lüftet seinen gelben Hut.

Wir zwei, wir fall'n uns um den Hals
und müssen dabei herzhaft lachen.
Die junge Dame ebenfalls.
Sie schüttelt sich, nimmt ihre Sachen
und zeigt sich noch als Menschenkenner,
indem sie brummelt: „Typisch Männer!"

Und die Moral von der Geschicht':
Im Leben wird dir kaum was glücken,
zeigst du dem Ziele nur den Rücken!
Verlass dich auch aufs Smartphone nicht!
Schau lieber, dass 'ne smarte Dame
dir schenket ihre Anteilnahme!

Der Heiligenschein

Hier in der Mensa, rechts am Tisch,
da sitzen und bewerfen sich
zwei theologische Studenten
mit tiefen, schweren, turbulenten
Behauptungen und Argumenten.

Ihr Streitpunkt ist der Heil'genschein:
ob der von Gott gewollt mag sein.
Man frage sich, als rechter Christ,
ob Gold und Glanz wohl christlich ist.

Zwar säh' man klar auf alten Bildern
– wie große Meister es uns schildern:
schon Giotto etwa, ebenso
auch Lippi, Fra Angelico –,
dort säh' man deutlich und genau,
dass Heilige, sei's Mann, sei's Frau,
und nicht zuletzt das Christuskind
von einem Schein erleuchtet sind.

Doch gibt's dafür auch eine Quelle?
Gibt's irgendwo 'ne Bibelstelle,
die klärt, ob Christus nachweisbar,
im Freien oder am Altar,
von hellem Glanz umkränzet war?

Auch ob Maria und die Engel
– und wen man sonst als heilig kennt,
speziell im Neuen Testament –,
ob sie, wenngleich ganz ohne Mängel
und hell erleuchtet in der Seele,
denn auch – die Frage sei erlaubt –
war'n hell erleuchtet rund ums Haupt?

Damit ich Sie nicht länger quäle,
hörn wir jetzt rein in die Debatte.
Studente EINS hat grad das Wort.
Er packt den Ärger nicht in Watte
und fährt mit seiner Klage fort:

„Wie viele Kirchen in der Welt,
und Klöster auch, sind vollgestellt
mit Bildern, Fresken und Skulpturen,
von denen vielerlei Figuren
– wie Engel, Jünger und dergleichen –
um ihren Kopf als heil'ges Zeichen
'nen goldnen Teller müssen tragen.
In mir braust auf ein Unbehagen.
Zu diesem heidnisch' Firlefanz
geh ich entschieden auf Distanz.

Mir wird hierbei schon deshalb übel,
weil nirgendwo mal in der Bibel
vom Heil'genschein die Rede ist.
Ich schäme mich dafür als Christ.
Ein Papst, der duldet jenen Flitter,
gehört doch wahrlich hinter Gitter!"

Studente ZWEI erhebt die Hände:
„Oh guter Freund, komm, mach ein Ende!
Was in der Schrift konkret steht drin,
darin erschöpft sich nicht ihr Sinn.
Es kann Erkenntnis dort nur sprießen,
wo wir den Hintergrund erschließen
nach hermeneutischer Methode.

Du weißt, es gibt in Lukas EINS
– ein schön'res Beispiel kenn ich keins –
die himmlisch hehre Episode,
dass Gabriel, von Gott gesandt,
sich innig an die Jungfrau wandt'
und ihr mit Würde, tief und sachte
die hohe Botschaft überbrachte,
in heil'ger Ehrfurcht, still und leis.
Was willst du mehr noch an Beweis?"

Da wirft Studente EINS schroff ein:
„Wie, was soll hier bewiesen sein?
Entschuldige, dass ich nicht lache.
Wo ist die Logik in der Sache?
Kein Wort weist auf den Heil'genschein."

„Geschenkt, nicht wörtlich mag das sein.
Doch sieh die Sach' bei Licht, im Hellen:
Vermagst du es dir vorzustellen,
dass die Marie in heil'ger Stunde
empfängt vom Engel jene Kunde,
und es umkränzt ihr Haupt kein Glanz
von einer höheren Instanz?
So wie die Maler es uns lehren
in ihren Bildern, Gott zu Ehren?"

Studente EINS verdreht die Augen:
„Das kann doch als Befund nicht taugen!
Denn schau, es dreht sich dein Beweis
banal und saftlos nur im Kreis.
Was du da sprichst, ist reiner Stuss
und auch bekannt als Zirkelschluss."

Am Nachbartisch zu Stuhle sitzt,
apart, bebrillt, den Rock geschlitzt,

'ne Germanistin, blau die Strümpfe.
Im Ärmel hält sie starke Trümpfe.
Die Mahlzeit hat sie grad beendet
und spricht jetzt. Wir sind eingeblendet:

„Ich blick ganz anders auf die Dinge,
ich wähl den Linguistenkniff
und klär die Sache am Begriff.
Die Sprachkritik ist meine Klinge.

Was steckt im Worte ‚Heil’genschein‘?
Drin stecken – das sieht jeder ein –
die Wörter ‚heilig‘ und auch ‚Schein‘.
Und dieses führt uns zu ’nem Schluss,
der jeden Pfaff’ beschämen muss:
Der Heil’genschein – drauf ist Verlass –,
der steht genau und klar für das,
was nur dem Schein nach heilig ist.
Mit einem Wort, damit ihr’s wisst:
Der Heil’genschein trägt jederzeit
an jedem Orte, weltenweit,
den Stempel der Scheinheiligkeit.

Und ach, ihr zwei, ihr tut mir leid!
Ich hab für frömmelnden Schamott

nichts übrig außer Hohn und Spott.
Zu weit'rer Klärung eures Streits,
da fehlt mir wahrlich jeder Reiz.
Drum sag ich: ‚Mahlzeit, allerseits!'.“

Die drei vom Golferstammtisch

Carolus, Franz und Waldemar
gehörn seit über einem Jahr
auf unsrer Range zum Inventar.
Die drei Gestalten, sechzig plus
– erfolgsbesessen, triebgesteuert,
teils auch frustriert und angesäuert –,
trainieren bis zum Überdruss,
notorisch wie einst Sisyphus
fast täglich bis zum Ladenschluss.

Ihr Training doch, muss man schon sagen,
erschöpft sich nicht im Bälle Schlagen.
Von gleicher Wichtigkeit ist die
fundierte Golfschwung-Theorie.
Die fachgerechte Expertise,
der heiße Tipp, die Analyse,
der abgewog'ne Kommentar,
das breite Golf-Vokabular:
Erst dies – getragen von Substanz –
verleiht dem Training Wert und Glanz.

Heut steht im Mittelpunkt der Schwung
und dessen Formveredelung.
Das Wort führt grad der Waldemar.
Er demonstriert mit Eisen Acht

und mit Geschick, prägnant und klar,
wie man es falsch und richtig macht,
und sagt „Hört zu, damit ihr's wisst:
Der schlimmste aller Fehler ist,
der schlimmste aller bitterbösen,
zu früh den Winkel aufzulösen."

Da fällt ihm Carl ins Wort hinein:
„Der Winkel ist es nicht allein.
Stehst du nicht fest auf beiden Hacken,
dann kannst du gleich die Koffer packen."

Demgegenüber meint der Franz:
„Der Pfiff des Golfschwungs tut doch ganz
und gar in andren Dingen stecken.
Du musst den linken Arm weit strecken,
den Griff jedoch ganz locker fassen
und dann den Kopf schön unten lassen.
Das andre sonst ist Pillepalle,
die guten Trainer sag'n dies alle."

Gleich nebenan: ein Phänomen!
Hier übt der kleine Schüler Sepp,
eins vierzig groß und grad mal zehn,
fünf Komma null das Handicap.

Auch unsre drei sind da und schaun
mit hochgezog'nen Augenbrau'n,
wie Sepp, nach Lehrbuch voll authentisch,
mit Tiger Woods schon fast identisch,
die Kugel in den Himmel feuert.
„Sensationell", wie man beteuert.
Wie sich der Bube dreht, ganz locker,
sein Finish gar haut sie vom Hocker.

Der Franz fragt nach der Leitidee,
ob Sepp die Schwungbahn eher seh'
ellipsenförmig oder rund.
Der Bub schaut drein mit off'nem Mund
und stammelt schließlich, blass und fahl:
„Ich mach den Golfschwung ganz normal.
Ich nehm den Ball, und tee ihn auf,
dann hol ich Schwung, dann hau ich drauf."

Die Antwort dringt dem Dreigestirn
nur widerwillig ins Gehirn.
Sie müssen kurz zwei-, dreimal schlucken,
es folgt ein leichtes Schulterzucken,
und schließlich bringen sie ans Licht:
„Von Theorie hat dieser Wicht
beileibe keine Ahnung nicht."

Und schreiten dann, von Stolz gepackt,
zurück zu ihren Trainingsstätten,
fast siegestrunken, so als hätten
die drei den Jackpot grad geknackt.
Vorbei der Spuk, der sie bedroht.
Die Welt ist wieder ganz im Lot.

Der siebte der Sprüche
aus Stammvaters Küche

Der Bauer und die Bäuerin –
es quälen Sprüche ihren Sinn.
Es sind die Sprüche ihrer Ahnen,
die sie an ihre Pflicht gemahnen.

Sie sitzen draußen auf der Bank,
die Hitze macht sie sterbenskrank.
Bekümmert schaun sie in die Ferne,
die Sonne brennt, das Land verdorrt.
Kein Tropfen mehr in der Zisterne.
Der große Durst zermürbt den Ort.
Die Schaf', die Kühe auf den Weiden,
die Hühner, Schwein' in Hof und Stall:
Die Kreatur muss bitter leiden,
es herrscht Verzweiflung überall.

Man kennt der Sprüche weisen Rat,
sie pochen auf die große Tat.
Und unser Bauer, sorgenschwer,
erhebt sich jetzt. Dann schreitet er
zur nah geleg'nen Scheune hin.
Dort ist die Fuchsschwanz-Säge drin.
Er holt sie raus, hält sie ans Licht.
Für die geforderte Attacke

prüft er die Schärfe jeder Zacke
und kehrt zurück voll Zuversicht.
Es gilt, der weisen Ahnen wegen,
den Oberschenkel anzusägen.
'ne zwei Zoll tiefe Wund' muss klaffen,
will man dem Land Erlösung schaffen.

Er setzt sich wieder auf die Bank
und streift sich seine Hos' vom Leibe,
die beiden Beine sind jetzt blank,
ein letzter Blick gilt seinem Weibe.

Was dann geschieht sei übergangen.
Die Schmerzen, die er muss empfangen,
sind wider jegliche Natur.
Bereits der Anblick ist Tortur.
Er presst die Augen, beißt die Zähne,
ein lautes Stöhnen, Schnitt für Schnitt.
Der ganze Körper leidet mit,
von Fußesspitze bis zur Mähne.
Es rinnt das Blut, es brennt die Wunde.
Sein liebes Weib, die Hagegunde,
sie drückt ihn fest, hält seine Hand
und wickelt einen Heilverband.

Sie sitzen reglos, fest umschlungen.
Ihr tiefer Atem füllt die Lungen.
Die Sonne brennt auch weiterhin.
Der Bauer und die Bäuerin,
sie harren so noch viele Stunden,
der Zeit und Umwelt ganz entwunden.
Der Tag vergeht, es naht die Nacht.

Doch da, ein Luftzug weckt sie sacht.
Sie blicken auf. Ist es ein Traum?
Kein Stern zu sehn im Himmelsraum.
Und Wolken ziehn in großer Eile,
dann tröpfelt es, und nach 'ner Weile,
da setzt der große Regen ein.
Ein brünstiges Ergriffensein
befällt die Menschen, Tier und Pflanzen,
es ruft die Jugend auf zum Tanzen.
Und auch die Bäu'rin und der Bauer
sind nun befreit von aller Trauer.
Für sie steht fest, ganz ohne Schwanken:
Der große Regen weit und breit
nach dieser langen Trockenzeit
sei nur den Ahnen zu verdanken.

Sie schaun sich an, und tête-à-tête
skandieren sie wie im Gebet:
    Die Sprüche der Ahnen,
    sie wollen uns mahnen.
    Sie werden uns lenken,
    wenn wir sie bedenken.
    Der siebte der Sprüche
    aus Stammvaters Küche
    will unsre Kasteiung
    in glutheißen Tagen.
    Er bringt uns Befreiung
    von Dürre und Plagen
    und ruft uns entgegen:
    „Sich sägen bringt Regen!“

Dein Freund und Helfer

Wie sprießen doch die Lebenssäfte,
wenn sonntags ruhen die Geschäfte.
Du hast gejoggt und fährst jetzt heim,
erfreust dich, heiter, ohne Müh'n,
der schönen Parks und Avenü'n
und bist befreit von Schlack und Schleim.

Doch plötzlich schwindet jede Wonne,
wenn man vor einer Ampel steht
und wird geblendet von der Sonne.
Erst recht hast bitter du zu leiden,
wenn dir das Auge nicht verrät
– trotz Blinzeln, Schielen, Fratzenschneiden –,
um welche Farbe sich's da dreht.
Dass diese grün, merkst du erst dann,
wenn kräftig hupt der Hintermann.

Dies war mir kürzlich widerfahren,
indes, ich konnt' die Ruhe wahren
und fuhr entspannt, bald wieder heiter,
die angestammte Strecke weiter.

Danach jedoch, da seh ich, wahrlich:
Ein Streifenwagen folgt beharrlich.
„Vorbei!" denk ich, „Jetzt ist es aus!

Zum Henker auch, mir kommt die Galle!
Gleich schnappt sie zu, die böse Falle.
Jetzt wird es amtlich und kommt raus,
dass heimlich Schnaps ich destilliere,
in Liechtenstein ein Konto führe,
zu Haus den Müll nicht streng sortiere
und, ach, die Putzfrau gänzlich ohne
'ne Rechnung, einfach schwarz, entlohne.
Oh Himmel, Hölle, Sapperlot,
zeigt mir 'nen Fluchtweg aus der Not!"

Ich tret' die Bremse, fahr rasch weiter,
fahr dann im Kreisel Karussell,
mach mich bald dünn, bald wieder breiter
dann bin ich plötzlich wieder schnell.
Doch was ich mache: Einerlei,
im Nacken bleibt die Polizei.

Und nun wird's ernst. Sie sind zur Stelle.
Mein „Freund und Helfer" hebt die Kelle
und deutet auf die nächste Bucht.
Vorbei ist aller Traum von Flucht.

Zwei steigen aus, die Hand am Colt.
Die Spannung steigt auf tausend Volt.

Sie bleiben seitlich vor mir stehn.
„Könn'n wir mal die Papiere sehn?"
Ich reich sie ihnen, leichenblass,
als säß' ich auf 'nem Pulverfass.

Sie gehn, pro forma, um den Wagen,
sie reden kurz im Flüsterton,
und ohne Klagen oder Fragen
beenden sie die Inspektion.
Es will mir niemand an den Kragen.
„Noch gute Fahrt!", wünscht die Polente
und retourniert die Pergamente.

Danach sink ich mit freudenvollster
Erleichterung in meine Polster.
„Doch Halt!", mit hochgezog'nen Brauen
frag ich: „Verzeihung, im Vertrauen,
warum wurd' ich denn angehalten?"

Verlegen schaun sie in die Ferne:
„Wir mussten unsres Amtes walten!"
Sie räuspern sich: „Wir sag'n 's nicht gerne,
doch nun, o.k., wir sagen's offen,
wir glaubten fest, sie sein besoffen!"

„Besoffen ich? Ich kann's nicht fassen.
Hab ich gegrölet mit den Massen?
Bin ich getorkelt in den Gassen?
Ich trink fast nie! Und möcht Sie fragen,
fuhr ich im Zick-Zack mit dem Wagen?"

„Nein, derlei Dinge waren's nicht.
Der Grund, mein Herr, wir sagen's schlicht,
das war Ihr Ausdruck im Gesicht.
Als an der Ampel Sie gestanden
und mussten große Not erleiden,
um Rot-Gelb-Grün zu unterscheiden,
und dann den ersten Gang nicht fanden,
da war uns deutlich der Befund:
Der wirre Blick, der off'ne Mund,
die krause Stirn, gerümpft die Nase,
die Haut so rot wie in Ekstase. –
Wir glaubten fest, das ist kein Witz,
der Mann ist voll wie 'ne Haubitz."

Das also war des Pudels Kern.
Dort an der Kreuzung, vor der Ampel,
da hatt' verwirrt die beiden Herrn
mein hoch neurotisches Gehampel.

Und die Moral aus dem Spektakel:
Wo du auch bist, auf Straß' und Gassen,
spreiz nie das Antlitz zu Grimassen!
Sei mimisch-gestisch ohne Makel,
so bleibt erspart dir manch Debakel!

Sepp und der große Meister

Ich möchte euch heut Kunde geben
von einem Abschnitt aus dem Leben
des viel belachten Hirten Sepp,
der anfangs ohne Glanz und Pepp
vereinsamt bei den Schafen weilte,
bis schließlich ihn das Glück ereilte
und ihm – wonach's ihn heimlich drängte –
der ganze Ort Beachtung schenkte.

Sepp Hohlkopf, so sein voller Name,
lief nicht für Cleverness Reklame.
Er war an Größe und Statur
durchaus normal. Frappant war nur
das hirngenetische Gemenge
aus Schwärmerei und Geistesenge.
Mit einem Wort: Es galt der Sepp
als Narr, als Trottel und als Depp.

Als Kind, er war noch keine zehn,
tat er schon selt'ne Wege gehn.
Den Geldwert stellt er auf den Kopf,
und zwar behauptet dieser Tropf,
so eine Münze aus Metall,
die sei doch wohl in jedem Fall
an Wert viel höher als ein Schein,

selbst wenn dort aufgedruckt mag sein
’ne Zahl wie „Fünfzig“ oder „Hundert“.
Die Nachbarn hat’s nicht groß gewundert.

Doch bald kam er in deren Fokus.
Sie machten sich mit ihm ’nen Jokus
und stellten ihm, geschenkt, zur Wahl:
zum einen nen Zehn-D-Mark-Schein,
zum anderen drei Gröschelein.
Und Sepp entschied sich ohne Qual.
Er nahm die Groschen sich. Und allen
hat diese Gaudi stark gefallen.

Nun aber reflektierte man,
wie man sowas vermarkten kann.
Am Samstag, Sonntag, überall,
beim Schützenfest, beim Karneval
wurd’ bald des Ortes dümmster Sohn
zur allergrößten Attraktion.

Das Schauspiel, das lief jedes Mal
nach einem festen Ritual.
Stets sind zwei Schalen aufgestellt.
Zur linken liegt das Münze-Geld
und rechts die Barschaft aus Papier.
Im Stuhl davor sitzt unser Held.

Sepp nimmt die Schalen ins Visier
und lockert langsam seine Kleidung,
und eh er festlegt die Entscheidung,
streckt er die Arme, spreizt die Hände,
beschwört den Mammon so, als stände
das Heil der Menschheit vor dem Ende.
Und schaut – ein Raunen gibt's im Saale –
tiefgründig auf die rechte Schale,
die, reich gefüllt, ins Auge sticht.

Darauf erhebt er sich und spricht:
„Nein, die Papiere will ich nicht."
Und streicht sich ein das Münze-Geld.
So hatt' man sich das vorgestellt,
es wird gegrölt und wird gelacht.
Ob jung, ob alt, ob Oheim, Enkel,
sie schlag'n sich alle auf die Schenkel.
Der ganze Saal ist wie entfacht.

So gingen zwanzig Jahr ins Land,
bis Seppels Neffe Ferdinand,
noch nicht mal zwölf, doch bei Verstand,
sich fragend an den Onkel wandt':
„Du hast gelehrt mich viele Sachen
zum Rechnen, Denken und zum Lachen.

Bei einem aber bleibst du stumm:
Noch niemals sagtest du, warum
du nur nach kleiner Münze trachtest
und großes Geld du stets verachtest."

„Wohlan", sprach Sepp, „behalt's für dich!
Ein großer Meister lehrte mich,
mich nicht durch Flitter abzulenken
und stets den Ausgang zu bedenken.
Hätt' ich auch nur ein einzig Mal
den Geldschein gierig eingesteckt,
hätt' ich verschmäht das Münz-Objekt
und so durchkreuzt mein Ideal,
was glaubst du, wen hätt's motiviert,
dass er's erneut mit mir probiert?
Ich säß' noch heut bei meinen Schafen,
nicht schlimmer könnt' man mich bestrafen.
Wogegen jetzt, ich kann nicht klagen,
führ ich ein Leben mit Behagen."

Da sprach der Knabe: „Oh fürwahr,
jetzt, Onkel, wird mir alles klar.
Nur eines noch: Dein großer Meister,
wer ist das denn, oh sag, wie heißt er!
Ist es ein Künstler, ist's ein Dichter,

ein Physiker oder ein Richter,
ein Philosoph, ein Mediziner,
vielleicht ein Mönch, ein Augustiner?"

„Von jedem etwas hat mein Meister,
doch überragt er jene Geister.
Das sind doch alles Utopisten,
Fanatiker, Illusionisten
und Erbsenzähler, Eierköpfe,
auch Dünnbrettbohrer, Trottel, Tröpfe.
Für Kleinkram brechen sie die Lanze,
ER aber bürgt fürs große Ganze.
Den Namen kennst du. Mein Idol,
das war der große Kanzler Kohl.
Ich stehe ganz bei diesem Mann
durch einen Satz in seinem Bann.
Der Satz zeigt auf, was diese Welt
mit Ziel und Zweck zusammenhält.
Der Satz, er lautet, Schnörkel meidend:
‚Was hinten rauskommt, ist entscheidend!'"

Die Flucht in die Tiefgarage

Es war um zweiundzwanzig Uhr.
Ich kam im Auto von 'ner Tour
und hatte nichts als Schlaf im Sinn.
Als ich schon fast zu Hause bin,
nur noch die Kreuzung überquer,
erwach ich, weil ich (folgenschwer!)
zwei Lichtern, die von rechts gekommen,
gerad die Vorfahrt hab genommen.

Zum Glück ist weiter nichts passiert,
und niemand hupt und protestiert.
Doch gleich danach seh ich, oh Schreck:
Besagtes Fahrzeug biegt ums Eck
und folgt mir – sichtlich klar zum Zweck,
dass ich jetzt stopp und man mich schnell
formell und scharf zur Rede stell'.
Mich packt jedoch die blanke Panik.
Per Bleifuß peitsch ich die Dynamik
und seh am Tacho, leicht verwundert,
statt schlapper dreißig fahr ich hundert.

Ja weiß ich, wer da sitzt im Wagen!
Vielleicht will der mich niederschlagen.
Vielleicht ist der auch scharf aufs Geld,
ein Gangster, gar ein Messerheld.

Wenn der dann näher kommt und dichter
und dann kein Geld bekommt: dann sticht er.

Mein Ziel ist jene Tiefgarage,
wo auf der untersten Etage
ein Stellplatz sich mein Eigen nennt.
Bin ich erst drin, in dem Moment
– es sind noch knapp zweihundert Meter –,
dann bin frei, oder konkreter,
dann bin ich los den Übeltäter.

Noch ein Gedanke knebelt mich:
„Verdammte Schranke, öffne dich!"
Ich fumm'le mit dem Schlüssel rum
wie 'n Penner im Delirium.
Und langsam ruckelt hoch das Biest,
und gut, dass sie sich nach mir schließt.
Der Täter ist zurückgeblieben.

Ich fühl mich wie auf Wolke sieben
und gleit bergab und merk, betroffen:
Die Schranke ist schon wieder offen.
Entsprechend fahr ich desto schneller
und, angekommen, tief im Keller,
bieg' ich sogleich mit einem Satz,

auf meinen angestammten Platz.
Ich stopp den Motor, lösch das Licht
und mach auch alle Türen dicht,
auf dass mich niemand niederringe.
Und duck mich tief und harr der Dinge.

Natürlich seh ich nichts, wobei
zu hören gibt es mancherlei:
Motorgebrumme, Huperei,
mal quietscht ein Reifen, schlägt 'ne Tür.

Doch mulmig wird's, als ich verspür,
dass offenkundig in der Nähe
ein Mensch jetzt ein paar Schritte gehe.
Die kalte Angst treibt mich zur Starre.
Wer weiß, ob nicht schon eine Knarre
auf mich gerichtet ist. Oh weh!
Wenn ich den Schock hier übersteh,
kauf morgen ich 'nen PKW
mit kugelsich'ren Fensterscheiben.
Zunächst doch heißt's: In Deckung bleiben!

Und jetzt, wenn ich mich da nicht täusch,
hör ich schon wieder ein Geräusch.
Ich heb den Kopf bedacht und sacht.

Und bin verwirrt in Anbetracht
des Menschen, der in finstrer Nacht,
vier Schritt entfernt, mich forsch fixiert
und mich beschämt und tief blamiert.

Am liebsten würd' ich lauthals fluchen.
Stattdessen tricks ich (raffiniert!),
tu so, als würd' ich etwas suchen.
Zuerst gebückt, mit Weh und Ach,
am Boden, dann im Handschuhfach.

Der forsche Blick, der mich brüskiert,
kommt von 'ner fraglos hübschen Frau
– modern gewandet, arriviert –
mit sportlich-schlankem Körperbau,
bereit zum Kampf wie Cassius Clay.
Die rechte Faust hält Pfefferspray.
Ich kenn sie kurz. Seit ein, zwei Wochen
hat sie den Stellplatz neben mir,
ohn' dass wir schon ein Wort gesprochen.

Sie war jetzt wohl schon vor mir hier
und hat von Anfang mitbekommen,
wie ich (nach jenem wüsten Jagen)
hier unten hab die Kurv' genommen
und mich verschanzt in meinem Wagen.

Derweil hat sich ihr Zorn gelegt.
Sie löst sich aus der Nahkampfpose,
packt wieder weg die Pfefferdose,
und während sie zum Ausgang strebt,
holt sie tief Luft, demonstrativ,
rollt dann die Augen intensiv
und schüttelt wiederholt den Kopf.
Danach drückt sie den Aufzugsknopf.

Was mag die Frau wohl von mir halten?
Sie fragt sich glatt: „Hat der ’nen Hau?
Gehört der zu den Durchgeknallten?
Ist der betütert? Ist der blau?
Ist das ein Lustmolch, ist’s ein Spanner?
Gott, welcher Heilanstalt entrann er?“

Die Frau mit diesen Fantasien
lass ich zunächst von dannen ziehn.
Doch was an Leid ich hab erworben,
dass sieben Tode ich gestorben,
dass man mich (wie bereits gesagt)
gespenstisch durch die Stadt gejagt
und man dabei (welch ein Verbrechen)
sogar mich wollte niederstechen –
und dass dies wahr ist, zweifelsfrei:

Wie ich all dies der Polizei
(und auch der Frau) demnächst berichte,
und auch beschwör an Eides statt,
ist noch 'ne andere Geschichte
und steht auf einem andren Blatt.

Die Mordlust und die Frauenquote

Es hat, seit langen Jahren schon,
die Frauenemanzipation
die Umgangsformen dieser Welt
empfindlich auf den Kopf gestellt.
In einer Vielzahl an Bereichen,
in Schule, Arbeit, Sport, Kultur,
sind gänzlich neu gestellt die Weichen.
Man schaue auf das Fernseh'n nur:
Sogar der Krimi dort erfuhr
geschlechtlich eine Korrektur.

Einst, bei den ersten Krimis, war
ganz klar der Mann der große Star.
Doch diese heiß begehrten Rollen
hab'n bald auch Frauen spielen wollen.
Nicht von den Opfern der Verbrechen
gilt es an dieser Stell' zu sprechen.
Denn bei Bedrängten und Bedrohten,
da war die Frau – auch bei den Toten –
von jeher führend in den Quoten.

Dagegen bei den Kommissaren
– bei Detektiven auch –, da waren
zunächst allein die Männer, die
das Sagen hatten im „TiVi".

Wer damals ballerte und knallte
und in die Hand sich gab die Klinke,
das waren Kojak und der Alte,
Maigret, Schimanski, Trimmel, Finke.
Von einer Frau als Hauptfigur,
da fehlte damals jede Spur.

Doch diese Männertyrannei
ist ja inzwischen längst vorbei.
Heut hat bei Krimis jeder zwote
sich stramm zu halten an die Quote.
Der Krimi Zwo läuft dergestalt,
dass nun 'ne Kommissarin halt
– 'ne nette meist und blitzgescheite –
den Mörder sucht, gewieft und tough.
Ja, oder dass an ihrer Seite
noch ein Kolleg ihr zuarbeite,
der eher deppert ist und schlaff.

In einer andren Rolle doch
– und zwar bei allen Missetätern,
speziell bei Mördern und Verrätern –,
da war das weibliche Geschlecht
bis in die jüngsten Tage noch
zurückgedrängt, ja regelrecht
zu strengster Abstinenz verdammt.

Das hat der Frauen Zorn entflammt.
Entsprechend gibt es unterdessen
auch Mörderinnen, groß an Zahl.
Die Quote ist jetzt angemessen:
Auf jedem Top-TV-Kanal
entfalten Frauen höchst brutal
– indem sie schießen, stechen, schinden
und oft dabei noch Lust empfinden –
ihr mörderisches Potenzial.

Nur leider gibt's 'nen Beigeschmack:
Im richt'gen Leben – wie prekär! –,
da sind die Frau'n noch nicht auf Zack,
da hinkt die Quote hinterher.
Dass Frauen morden mit Bravour,
sieht man in Film und Fernseh'n nur.

Doch ist die Frau von Welt auf Draht.
Sie holt bei der Gewerkschaft Rat
und hat die Lösung schon parat.
Es gilt, dass künftig fünf von zehn
der Leichen auf das Konto gehn
von Frauen, die höchst selbstbewusst
zur Waffe greifen, sei's aus Lust,
aus Stolz, aus Eifer oder Frust.

Das Thema „Mord" kennt kein Tabu
und spitzt sich auf die Frage zu:
Wie kann, in puncto ihrer Leichen,
die Frau dem Mann das Wasser reichen?

Die Mehrheit hat sich ausgesprochen
für intensive Trainingswochen,
wie man so tötet mit Gewehr,
mit Gift, Pistole, Axt und Speer.
Der Mord mit Schnur, mit Bürste, Kamm
steht gleichfalls mit auf dem Programm.

Trainiert wird dann in (toi-toi-toi!)
Chicago, Kiew und Hanoi.
Und alles wird zu gut zwei Dritteln
subventioniert aus Steuermitteln.
Den Rest, laut neuem Förderschlüssel,
erstattet die EU in Brüssel.

Der Alpenpass

Den Manuel, die Julia,
die zieht es nach Italia.
Sie meistern grad die hoch-alpinen
bedrohlich engen Serpentinen.

Für Manni, der am Steuer sitzt
und dabei Blut und Wasser schwitzt,
ist das Gekurve merklich stressig.
Doch nervt ihn auch, dass unablässig
die Jule laut und aufgekratzt,
hoch angetörnt und quietschfidel,
– ganz anders als der Manuel –
nur labert, babbelt, ratscht und schwatzt.

Es geht die ganze Zeit bergan,
doch auf 'ner Graden, irgendwann,
da hebt auch er zu sprechen an.
Rechts tief der Abgrund, links die Wand,
sagt er, der Jule zugewandt:
„Ich frage mich …"

       „Was fragst du dich?
     Die Grenze kommt noch lange nich'!"
„Ich frage mich schon lang …"

         „Seit wann?"
„Ich frage mich schon lang, verzeih, …"

„Ein jeder frage, wie er kann!
Du hast hier alle Fragen frei!“
„Ich frage mich schon lang, verzeih,
wie weit es wäre zuzumuten …“
„Da, schau hinunter: die Kanuten,
wie wild sie kämpfen mit den Fluten!“
„wie weit es wäre zuzumuten …“
„Und oben gibt’s ’ne Haltebucht!“
„wie weit es wäre zuzumuten,
dass du in deiner Quasselsucht,
bevor wir stürzen in die Schlucht,
den Sound mal cancelst, fünf Minuten.“

Das verdrehte Geschlecht

Ein Mann, der ist im Polizei-
präsidium gerad dabei,
dem Herrn Empfangschef darzulegen,
woher er kommt und auch weswegen
er gern dem Hauptwachtmeister Tanne
Champagner schenken möcht. Und zwar,
weil dieser nette Kommissar
ihm hab geholfen bei 'ner Panne,
vor kurzem, Ende Februar.
Um Punkt elf Uhr sei der Termin.
Herr Tanne warte schon auf ihn.
Er selbst sei Peter Benjamin.

Drauf der Portier: „Pardon, mein Herr,
zu wem Sie woll'n, hab ich verstanden,
doch ging Ihr Name mir abhanden.
Es herrscht hier lärmendes Geplärr."

Und Peter reicht ihm rasch 'ne smarte
landübliche Visitenkarte.
Der Herr Empfangschef dankt sogleich
und eilt zum hinteren Bereich.
Doch bringt das Kärtchen ihn in Not.
Obwohl ein Kerl aus Korn und Schrot,
wird ihm jetzt kalt dabei und heiß.

Was weder er noch sonst wer weiß:
Das Kärtchen, jenes, das soeben
der Pit dem Pförtner übergeben,
war, aus Versehen, gar nicht seins,
vielmehr war das von denen eins,
die Pit von andren hat bekommen,
in diesem Fall von Britta Blommen,
die er heut früh per Zufall sah,
'ne Schulfreundin aus Altena.

Der Herr Portier putzt seine Brille,
befreit vom Schleim auch die Pupille
und schaut mit scharfem Adlerblick
auf unsern Peter kurz zurück,
der grade seinen Pferdeschwanz
zurecht sich kämmt, mit Eleganz.

Nun wirkt der Pförtner leicht entspannt.
Er nimmt den Hörer in die Hand
und spricht: „Herr Tanne, Tag, hallo!
Hier am Empfang, da wartet so
'ne herbe, androgyne Dame,
'ne Britta Blommen, so ihr Name.
Die Stimme tief, fast maskulin,
sie hat bei Ihnen 'nen Termin
und meint, Sie wüssten schon Bescheid."

„Wie bitte? Nein, das tut mir leid!
’ne Britta Blommen? Nie gehört!
Bestimmt liegt ’ne Verwechslung vor.
Den Namen hätt’ ich sonst im Ohr.
Vielleicht ist auch die Frau gestört,
mag sein, ganz unberechenbar,
mag sein, ’ne Terroristin gar,
die undercover einen Plan
jetzt ausheckt für die Taliban.“

Und der Empfangschef, nachdenklich,
geht dienstbeflissen, fürsorglich
zu, wie er meint, Frau Blommen hin,
in Wahrheit zu Pit Benjamin,
und sagt, Herr Tanne wende ein,
das müsse ’ne Verwechslung sein,
er hätt’ den Namen nie gehört.

Der Pit braust auf und ist empört:
„Wie? Was? Mein’n Namen kennt er nicht?
Wir kenn’n uns doch von Angesicht!
Bestimmt fällt ihm mein Name ein,
hört er das Stichwort ‚Gerolstein‘.
Dort nämlich konnt’ er, mir zum Glücke,
bei einem Unfall auf ’ner Brücke
mich aus dem Auto heil befrein.“

Der Pförtner nickt und sagt: „Das sticht,
das bringt die Sache klar ans Licht.
Ich werd' zum Telefone schreiten
und dies Herrn Tanne unterbreiten.
Dann wendet alles sich zum Guten,
und er ist hier in fünf Minuten.

Nur noch 'ne kleine Förmlichkeit
zu Ihrer eignen Sicherheit.
Es geht um den Besucherschein,
da müssen Ihre Daten rein.
Der Nam', die Anschrift sind schon klar,
dank Ihres Kärtchens, wunderbar.
Doch fehlt mir noch, rechts oben dort,
sowohl Geburtstag wie auch -ort,
der Mädchenname ebenfalls.“

Der Pit, der kriegt 'nen dicken Hals.
„Der Mädchenname ebenfalls?
Mein Herr, ich möchte unumwunden
mich nach dem Sinn der Frag' erkunden.“
„Ich hab die Fragen nicht erfunden.
Schreib'n Sie doch irgendwas daher,
geprüft wird's eh von keinem mehr.
Die letzte Frage: Sind Sie schwanger?“

Dem Pit verfärbt sich das Gesicht.
Ihm wird's jetzt bang und immer banger.
„Ich schwanger? Ich versteh Sie nicht!“
„Herrgott, ich tu nur meine Pflicht,
und ob Sie trocken oder schwanger:
Hier stellt Sie niemand an den Pranger.
Es gilt, die zarten Embryonen
von Röntgenstrahlen zu verschonen,
wenn Sie nachher im Korridor
passieren unser Schleusentor.“
Und Pit, genervt und fast k. o.,
setzt jetzt sein Kreuzchen irgendwo.
Der Pförtner dankt: „Das war's auch schon!“,
und eilt erneut zum Telefon.

Man sieht, wie er sich dort sogleich
der Sache annimmt, gestenreich,
doch auch wie er nach Worten ringt,
von einem Bein aufs andre springt
und schließlich sagt, bedeutungsvoll:
„Gebongt, Herr Tanne, klar, jawoll!“

Derweilen hat der arme Pit
sich abgefunden schon damit,
dass es noch etwas werde dauern,

bis irgendwann, ganz störungsfrei,
Herr Tanne wohl zur Stelle sei.

Doch eines lässt ihn jetzt erschauern.
Soeben noch war voll die Halle,
ein reges Treiben, kreuz und quer,
mit einem Mal ist sie ganz leer.
Er fragt sich jetzt, wo sind sie alle,
auch am Empfang ist keiner mehr.
Und dann ertönt, metallisch schwer,
'ne Stimme schräg von oben her:
„Frau Britta Blommen, bitte sehr,
es nützt jetzt keine Gegenwehr.
Gehn Sie nach vorne ein paar Schritte,
die Hände hoch, bis in die Mitte.“

„Die Britta?“, denkt der Pit beklommen,
„da bin ich aber wirklich platt.
Wie ist die denn hierhergekommen?
Die traf ich grad noch in der Stadt!“

Und wieder schallt die schwere Stimme:
„Nun kommen Sie sofort heraus,
wir hab'n Sie zwischen Korn und Kimme,
Sie sind erkannt, das Spiel ist aus.“

„Oh, jetzt wird's ernst", denkt sich der Peter,
„das ist bedrohlich, dies Gezeter,
und eh ich mir noch hol 'ne Beule,
spring ich schnell hinter eine Säule."

Doch kaum hat er sich dort platziert,
da ist's mit ihm auch schon passiert.
Vier schwer bepanzerte Gendarmen,
die schnappen sich den Pit, den armen,
und zerren ihn, erst dreist, dann dreister,
zur Mitte, wo acht Hauptwachtmeister
im Anschlag hab'n ihr Sturmgewehr.
Der Pit versteht die Welt nicht mehr.

Doch nun hebt an ein leises Raunen.
Die Polizisten sehn und staunen,
denn unserm Pit war'n im Getose
halb weggerissen Hemd und Hose.
Hierbei hat der Textilverlust
entblößt nicht nur die Männerbrust,
vielmehr auch das, so leid es tut,
primäre Mannesattribut.

Bei der verwirrten Polizei
ist auch Herr Tanne mit dabei.

Er senkt als Erster seine Waffe
und sagt halblaut: „Mich laust der Affe,
das ist doch der Herr Benjamin,
seit Punkt 11 Uhr erwart ich ihn.“

Und so erfuhr nun das horrende
Spektakel endlich eine Wende.
Doch tags darauf im Abendblatt,
da stand, dass man in unsrer Stadt
’nen Terrorschlag vereitelt hat.

Wir wär’n bei ’ner Behörde nicht,
wär’ jetzt zu Ende die Geschicht’.
Zwar kam der Pit nicht vor Gericht.
Jedoch die echte Britta Blommen
wurd’ um die 20 Mal vernommen,
durchs BKA und FBI
(und Interpol war auch dabei!).
Ach, und ein Sonderstab davon,
der tagt zurzeit im Pentagon.

Teil II:

Variationen über
Witze und Weisheiten

Moderne Unternehmensethik

Es sagt zum Chef der Praktikant:
„Von dem, was ich hier hab erfahren
in Sitzungen und Seminaren,
ist vieles voll echt intressant.
Die Unternehmensethik doch –
da ist mir manches nicht im Klaren,
da brauch ich Ihre Hilfe noch."

„Wie gut es ist, dass du hier selbst
von dir aus diese Frage stellst!
Bei Ethik geht es ganz zentral
um Tugend, Sitte und Moral.
Bist du mal hin und her gerissen,
packt dich die Ehre, das Gewissen,
das Rechtsempfinden auch, so merke:
Es ist die Ethik dann am Werke.

Da fällt mir grad ein Beispiel ein.
Als ich heut früh den Raum betrat
– noch vorm Kollegen Hollerath –,
lag dort, am Kassenautomat,
ein blanker 100-Euro-Schein.
Der konnt' nur von Frau Möller sein,
den diese, oder auch ihr Gatte,
– zwei Kunden, beide leicht debil –

wohl gestern hier verloren hatte.
Hier kam die Ethik nun ins Spiel.
Ich wollt' das Geld für mich behalten,
doch war ich innerlich gespalten.
Es sprach die Ethik: ‚Lass das sein!
Sei ehrlich stets auf allen Wegen!‘
Und siehe da, jetzt lenk ich ein.
Nur fünfzig Euro nenn ich mein,
und fünfzig geb ich dem Kollegen.“

Angela und Adenauer

Wenn Angela, die Kanzlerin,
zur PKW-Maut, zu Beginn,
noch vor der Wahl sagt: „Nicht mit mir!",
und wenn sie wenig später schier
das Gegenteil verkünden tut,
so sieht dies mancher, blind vor Wut,
als patzig-freche Flegelei –
wobei doch solches zweifelsfrei
auf großer Tradition beruht.
Wie sagte schon der Adenauer:
„Ich werde täglich immer schlauer.
Mich schert mein gestriges Geschwätz
so wenig wie das Grundgesetz."
Er ließ in seinen alten Tagen
von niemandem sich etwas sagen.
„Die einen", sprach er „kennen mich,
die andren aber können mich."

Horst und der Ökostrom
der Nordseeküste

Wenn ein Ministerpräsident,
der Horst aus Bayern, frei bekennt,
dass es ihn rundheraus gelüste,
den Ökostrom der Nordseeküste
zu nutzen für sein Bayernland –
und wenn er fordert, unverwandt:
Die Starkstromleitungen, die Trassen,
die solle man doch kurzerhand
durchs Land der Nachbarn führen lassen,
so schnappen diese, höchst verblüfft,
den Mund sperroffen, tief nach Luft.

Doch unser Horst ist wie besessen:
„Gewiss“, sagt er, „unsren Vasallen
aus Baden-Württemberg und Hessen
wird das nur eingeschränkt gefallen.
Doch hilft kein Jammern hier, kein Plärr'n.
Wir sind nun mal die wahren Herrn.
Wir sind ein Freistaat, insofern
ein freies Land mit vielen echten
Spezifika und Sonderrechten.
Frei woll'n wir sein von Querulanten,
von Asylanten, Protestanten,
von linkem Pöbel aus den Gossen,

von Preußen, Schwulen und Genossen.
Und frei von Bürden, Pflichten, Lasten,
von Müll und Schutt und Starkstrommasten.“

Schwerhörigkeit

„Herr Doktor, nun, wie soll ich's sagen,
da gibt's ein weit'res Unbehagen.
Und zwar geht es um meine Frau.
Es stimmt was nicht mit ihren Ohren,
ich glaub, sie hat's Gehör verloren.
Doch wissen tu ich's nicht genau."

„Das stellen Sie ganz einfach fest
mit dem bewährten Dreifach-Test.
Der Test wird unausweichlich glücken,
zeigt Ihn'n die Gattin mal den Rücken.
Als Erstes sprechen Sie sie dann
im Abstand von sechs Metern an,
nicht laut, nicht leis – im Zimmerton.
Und bleibt dies ohne Reaktion,
so folgt die gleiche Prozedur
im Abstand von drei Metern nur.
Hört man auch diesmal keinerlei
an Echo, kommt die Phase drei.
Hier gilt es, ohne abzuschwächen,
den Text ihr dicht ans Ohr zu sprechen."

Der Herr bedankt sich für den Rat
und schreitet heut auch gleich zur Tat.

Er sieht die Gattin. Unbeschwert
ist sie dem Herde zugekehrt.
Er fragt sie ruhig und gemessen:
„Mein Schatz, was gibt es heut zu essen?"
Die Worte formt er klar und schlicht.
Doch eine Antwort hört er nicht.
In Phase zwei, als Nächstes dann,
geht er drei Schritte dichter ran.
Doch auch aus solcherlei Distanz
vernimmt er keine Resonanz.
Drum rückt er noch ein Stückchen vor
und bringt erneut den Frage-Satz:
„Was gibt's zu essen heut, mein Schatz?"

Die Gattin spürt ihn dicht am Ohr,
sie schiebt beiseite ihren Topf
und dreht sich, schüttelt ihren Kopf
und mustert nun sekundenlang
den Gatten. Und sie sagt dann bang:
„Was soll das Fragen, mein Gemahl?
Kroketten gibt's, mit Räucheraal.
Dies sag ich jetzt zum dritten Mal!"

Der Chef und sein Chauffeur

„Ich werde den Chauffeur entlassen.
Schon dreimal bin ich (nicht zu fassen!)
dank seines Fahrstils, ohne Not,
nur knapp vorbeigeschrammt am Tod.“

Dies sagt der Chef zur Gattin Ruth.
Sie aber meint: „Hab ruhig Blut!
Verliere nicht die Contenance!
Und gib ihm noch ’ne weit’re Chance!“

Der Tenor

Gelobt sei unser Festspielhaus!
Ein neues Werk kommt bald heraus.
Man bringt die Oper „Karl der Kühne"
als Weltpremiere auf die Bühne.

Zur Stund' läuft grade eine Probe.
Ein Sänger richtet seine Robe,
zwei kämpfen kühn mit Schwert und Speer,
und ihrer acht stelln dar das Heer.

Und andere, wie Kevin Krause,
die haben augenblicklich Pause.
Sie harren, hinter den Soffitten
des nächsten Akts, und zwar des dritten.

Der Krause hat noch reichlich Zeit
und nutzt jetzt, hinter Tisch und Bänken,
die günstige Gelegenheit,
sich zu zerstreun und abzulenken.

In dunklen Gängen, kreuz und quer,
gelockert und befreit von Frust,
doch stolz, mit hoch geschwollner Brust,
trifft er auf einen Volontär.
„Na junger Freund, ach, sag's mir schon,
was ist denn deine Profession?"

„Mein Vater wie auch meine Mutter
verehren sehr den Martin Luther.
Auch ich hab mich zu ihm bekannt,
mithin bin ich ein Protestant.“

„Oh stopp, ich will dich nicht bekehren,
das Protestant-Sein mag dich ehren,
doch ist das kein Beruf. Schau her:
Es ist ein Glaube nur, nichts mehr!
Ich möcht den Blick auf mich mal lenken
und meine Profession bedenken.
Ich drängle mich nur ungern vor,
doch von Beruf bin ich Tenor.“

„Ein Einspruch kommt nun auch von mir,
zwar ist das nicht ganz mein Revier.
Doch als vorhin zur Prob’ ich kam,
im ersten Akt, gleich zu Beginn,
und Ihre Stimme dort vernahm,
da kam mir deutlich in den Sinn
(Pardon – wenn ich mir dies erlaube!):
Tenor zu sein ist nur Ihr Glaube!“

Der Anwalt und sein Arbeitszimmer

Herr Klaus Karolus Klemens Klay
betätigt sich seit Mitte Mai
als Anwalt in 'ner Großkanzlei.
Er ist vom Chef der Stellvertreter.
Die Müh', die Arbeit: die umgeht er.
Jedoch die Repräsentation,
die ist sein Ding seit langem schon.

Für ihn ist heut ein Freudentag:
Er hat ein neues Arbeitszimmer,
die Möbel sind ein Paukenschlag,
zinnoberrot mit blauem Schimmer.
Vier Bilder auch, teils grell, teils blasser,
von Warhol und von Hundertwasser.
Und das pompöse Telefon
ist sicherlich d i e Attraktion.
Er starrt darauf jetzt wie gebannt,
nimmt forsch den Hörer in die Hand
und übt sich ein in eine Pose,
als spräch' er mit Minister Klose:

„Natürlich, freilich, Herr Minister,
da zieh ich sämtliche Register.
Das Abendland, wie soll ich's sagen,
ich komme grad aus Kopenhagen …"

Dann klopft es laut, er sagt „Herein!“
und nimmt zwei Herrn in Augenschein.
Er bittet sie, sich zu bequemen,
noch kurz am Couchtisch Platz zu nehmen.

Doch sein Phantomgespräch geht weiter:
„Oh, Herr Minister, Gott bewahr!
Die Weltentwicklung, das wird heiter!
Wo führt das hin im nächsten Jahr?
Doch ich muss schließen, leider, schmerzlich.
Und grüßen Sie die Gattin herzlich!
Wir sehn uns wieder in Florenz
auf der Juristenkonferenz.“

Er legt den Hörer auf, in Ruh,
und wendet dem Besuch sich zu.
„Entschuldigung, nun bin ich frei.
Was führt Sie her in die Kanzlei?“

„Wir zwei sind von der Firma Trend.
Ihr Chef, Herr Doktor Sonnenwend,
der meinte grad (und lässt Sie grüßen),
dies wär’ ein günstiger Moment,
Ihr Telefon (wenn Sie uns ließen),
ganz wie geplant, jetzt anzuschließen.“

Die Obrigkeit besucht den Zoo

Der Herr Minister denkt: „Oh mei,
dem Hirsche fehlt ja das Geweih“,
und fragt den Wärter grad heraus,
wieso dies Tier denn, ei der Daus,
verlieren könne sein Gestänge.
Den Wärter treibt dies in die Enge.
Er atmet tief. Doch spricht dann frei:
„Nun ja, der Gründe gibt es drei.

Zum einen ist es fast normal
– gewöhnlich in der Frühjahrszeit –,
dass so ein Hirsch zumeist total
von seinen Stangen sich befreit.

Zum andren ist's auch mal passiert:
Da war ein Hirsch so disponiert,
dass – rein genetisch schon – dort vorn
ihm nie gewachsen ist ein Horn.

Mit Blick auf dieses Tier hier freilich
ist's keine Laune der Natur.
Denn unser Hirsch, das schwör ich heilig,
ist ohne Makel und Blessur,
wenn auch, nach Rasse und Statur,
ein armer schlichter Esel nur.“

Der König und die Krone

Der König, er blödelt und lallt auf dem Throne.
Drum flüstert der Kanzler zu einem Gesandten:
„Wir zittern und bangen jetzt um seine Krone.
Auch heute hat einen er in der genannten."

Der Lehrer und die beiden Hälften

Es packt mich stets ein Unbehagen,
wenn jemand hier im Unterricht
von einer „klein'ren Hälfte" spricht.
Wie häufig muss ich euch noch sagen:
'ne „klein're Hälfte" gibt es nicht.
Denn wenn 'ne Hälfte kleiner wär',
dann wär' sie keine Hälfte mehr.
Sie wäre dann, je nach Statur,
womöglich gar 'ne Viertel nur.
Und analog zu dieser Sicht
gibt's auch 'ne „größ're Hälfte" nicht.

Doch immer, wenn ich dies erklär,
schaut kaum mal einer zu mir her.
Die größ're Hälfte hört, partout,
dem, was ich sage, gar nicht zu.

Das Dartmoor und die Sternenpracht

Im Dartmoor sagt zum Doktor Watson
der Sherlock Holmes: „Ich find's zum Kotzen,
dass kein Hotel hier weit und breit.
In dieser schnöden Einsamkeit,
da bleibt uns nichts (mir platzt der Kragen),
als unser Zelt hier aufzuschlagen."

Gesagt, getan, so zelten sie
in dieser klaren Sommernacht
mit Has' und Fuchs in Harmonie.
Bis plötzlich Sherlock Holmes erwacht.

Erregt tut er den Watson wecken,
er stupst ihn kurz und haucht ihn an:
„Schaun Sie nach oben, guter Mann,
und sagen Sie, was Sie entdecken!"

„Ich seh den Mond und viele Sterne
und kleine Wölkchen in der Ferne."
„Schon gut, was schließen Sie daraus?"

„Als Astrologe würd' ich sagen,
die Venus steht im Großen Wagen
und Jupiter im zwölften Haus.
Als Wetterfrosch, da möchte ich meinen,

die Sonne wird auch morgen scheinen,
aus voller Kraft, vereint mit Winden.
Und soll die Uhrzeit ich ergründen,
so sagt mir's Sternenbild Skorpion,
es ist jetzt null Uhr dreißig schon.
So weit reicht meine Phantasie.
Doch welche Schlüsse ziehen Sie?"

Und jetzt spricht Sherlock, mit Bedacht:
„Der freie Blick zur Sternenpracht,
der zeigt: Bevor wir aufgewacht,
da haben Diebe sich ganz sacht
mit unserm Zelt davongemacht."

Der moderne Regisseur

Der Regisseur Camillus Kern
liebt das Theater postmodern.
Von Requisiten und Kulissen
will dieser Künstler gar nichts wissen.

Der Hintergrund nur schwarz und grau,
ein dunkles Licht, marineblau.
Und aus der Höh', da hängt mitunter
ein schwarzes Brett am Seil herunter
mit tausend Nägeln, ungefähr.
Ansonsten bleibt die Bühne leer.

Er macht dem Intendanten klar,
wie das Konzept sei anwendbar
aufs neueste Theaterstück
„Der Tod, das Weltall und das Glück".

Die beiden stehn jetzt auf der Bühne.
Der Regisseur trägt vor die kühne
Vision vom Tod im ersten Akt:
„Was hier", sagt er „uns alle packt,
das ist ein großer Katarakt.
Zwar sieht man nur 'ne schwarze Wand,
doch hat man sich hier vorzustellen
'nen wilden Fluss mit Stromesschnellen
und weißer Gischt bis an den Rand.

Danach stelln sich die Leute vor,
es sei die Wand ein Höllentor.
Die schwarze Wand im Akte drei
stellt dar ’nen Strand in der Türkei.
Im vierten Akt“, sagt er, sei diese
„dann anzusehn als grüne Wiese.
Im fünften stelln sich alle vor …“

Der Intendant dreht ihn kurz rum
und raunt und zischt ihm leis ins Ohr:
„Im fünften Akt stelln w i r uns vor,
hier vorn im Auditorium
säß’ immer noch – treu, brav und dumm –
ein unvergraultes Publikum.“

Die Brüder Wright

Vor mehr als 100 Jahren, da
erprobten in Amerika
die Brüder Wright, begabt und klug,
den allerersten Flugzeug-Flug.

Doch ist, laut Forschung, nicht im Klaren,
ob das auch wirklich Brüder waren.
Denn dass die zwei ein Bruderpaar,
ist nur beim ält'ren nachweisbar.

Alles falsch gemacht beim Golfen

Es fragt die Anne die Susanne:
„Hast du gegolft mit deinem Manne?"

„Oh ja, durchaus, oh weh, mein Gatte,
zur Weißglut hab ich ihn gebracht,
als ich ihn auf der Runde hatte.
Denn ich hab alles falsch gemacht.

Schon zu Beginn monierte er,
beim Abschlag sei mein Stand zu breit,
auch fehl' es mir an Lockerheit.
Ich tät' den Griff zu feste fassen.
Desgleichen kritisierte er,
den Kopf würd' ich nicht unten lassen,
der Ausholwinkel sei zu spitz,
der Durchschwung gar: ein reiner Witz.

Doch meine größte Freveltat
war wohl mein Score, mein Resultat:
ganz einfach, weil ich (wie prekär!)
fünf Schläge besser war als er."

Kölner Dom

Herr Fuchs, Berliner Dachverband,
steht mit 'nem Stadtplan in der Hand
an einem Platz in Köln am Rhein
und fragt sich, wo der Dom mag sein.

Er sieht 'nen Knaben, wohl kaum zehn:
„Ach Steppke, kannste jrad mal sehn:
Wenn ick hier jradeaus werd' jehn,
wird dann am End' der Straß wohl stehn
der hoch erhab'ne Kölner Dom?"

„Genau! Korrekt! Wohl wahr! Obschon:
Es steht der Dom dortselbst durchaus,
auch wenn Sie nicht gehn gradeaus."

Was haben Sie mir nur verschrieben?

Ein Herr, so um die sechzig plus,
ist grad bei seinem Medikus,
'ner kritisch-heiklen Sache wegen.

„Herr Doktor", sagt er leicht verlegen,
„ich steck in einem Jammertal,
die Blähungen sind meine Qual.
Zwar sind sie lautlos und auch ohne
den sonst so üblichen Geruch
(so dass die Mitwelt ich verschone!).
Doch trifft mich's wie ein böser Fluch,
wenn, praktisch im Minutentakt
– das ist kein Märchen, das ist Fakt! –,
mich übermannt die Flatulenz
in ungebremster Permanenz
wie eben grad im Wartezimmer.
Und manchmal kommt's sogar noch schlim-
mer."

Der Doktor aber weiß gleich Rat
und hält ein Fläschchen schon parat:
„Zehn Tropfen täglich müssten reichen."

Der Herr lässt eine Woch' verstreichen. –
Doch dann, am Montag, gleich um acht,

stürmt er die Praxis, aufgebracht:
„Was haben Sie mit mir gemacht?
Was haben Sie mir nur verschrieben?
Die Blähungen sind voll geblieben
– zwar durchaus leise, wie zuvor –,
doch weht jetzt ein Gestank empor
wie Schwefeldampf im Abflussrohr.“

Der Doktor aber sagt: „Juchhei,
sie hat gewirkt schon, die Arznei.
Die Nase ist jetzt wieder frei.
Die Heilung schreitet fort. Wohlan!
Als Nächstes sind die Ohren dran.“

Die Schnapsidee

Als Pit zuletzt den PKW
mit Whiskey statt Benzin betankt,
hatt's ihm der Motor nicht gedankt
und dankte ab. – Herrjemine,
wer kam auf diese Schnapsidee?

Die Apfelsinenschale

Das kleine Mädchen, die Katrine,
als die verschlang 'ne Apfelsine,
und zwar zusammen mit der Schale
als Nachtisch zu dem Mittagsmahle:
Da kam'n der Mutter gleich Bedenken.
Zum Arzt tat sie die Schritte lenken.
„Herr Doktor", fragt sie, „solch Verzehr,
ist der womöglich folgenschwer?"

Der Doktor aber stellt gleich klar:
„Die Schale birgt nur 'ne Gefahr,
wenn sie gespritzt gewesen war."

„Gespritzt?", fragt sie, leicht ungelenk.
„Die Schale, die das Mädchen aß
– von Tante Herta ein Geschenk –,
war durch und durch aus feinstem Glas."

Mutter und Sohn

Die Mutter meint, es sei jetzt Zeit,
der kleine Kurt, er sei so weit,
dass man ihm schütte reinen Wein
bezüglich seiner Herkunft ein:

Dass nicht der Klapperstorch ihn brachte
und er auch nicht vom Himmel fiel
und er fortan die Ding' betrachte
vernunftgemäß, nicht infantil.

Dass also er, der kleine Kurt,
nach Zeugungsakt und vor Geburt,
gewachsen ist in Mutters Bauch
wie alle andren Menschen auch.

Die Mutter hat sich vorgenommen,
der Kleine, der soll zu ihr kommen
um fünf, noch vor dem Abendessen.
Er mög' es bitte nicht vergessen.

Thematisch ist sie sattelfest,
sie kennt sich aus bei Blüten, Pollen,
weiß, wie die Schwalben baun ihr Nest,
warum wann welches Glied geschwollen,
wieso der Busen hat zwei Pickel,

wie oft es treiben die Karnickel,
kennt die Begattungsprozedur
beinah von jeder Kreatur.

Doch hat sie auch ’ne Strategie,
wie das Gespräch zu führen ist.
Gefordert ist Diplomatie,
gepaart mit Charme, ’ne Prise List,
und auf den Einstieg kommt es an.
So sieht das auch der Ehemann.

„Nun Kurtilein, ich frag’s direkt:
War es dir nicht schon mal suspekt,
dass ich und Vati ab und zu,
obwohl noch kein Bedarf zur Ruh,
uns in den Schlafraum eingeschlossen?
Hat dich denn solches nicht verdrossen?“

„Nun Mutter, ich geh davon aus,
wenn ihr da seid in Schlafes Zimmer
und dabei merklich tobt und stöhnt:
Dann ist doch klar und denk ich immer,
dass dem Geschlechtsverkehr ihr frönt.
Was andres schließ ich nicht daraus.
Wobei die Spielart eurer Minne,

sei es das Kosen, Petting, Necken,
vor allem dann …" Hier hält er inne.
Er will die Mutter nicht erschrecken,
die jetzt mit aufgeriss'nem Munde
ein Ende setzt des Knaben Kunde.

„Oh-oh, nein-nein, doch-doch. Schau-schau!
Du triffst die Sache fast genau.
Und ich, äh, wollt' nur sagen eben,
weil's wichtig ist fürs ganze Leben:
Merk: Was bei Menschen ist der Brauch,
so machen's die Kaninchen auch."

Die Schlägerei

„Herr Richter, haben Sie Geduld!
Ich bin hier völlig frei von Schuld.
Nichts war dem Kampf vorausgegangen.
Es hatte damit angefangen,
dass der da (als mir platzt' der Kragen
und ich ihn boxte in den Magen)
ganz plötzlich hat zurückgeschlagen."

Der letzte Zug nach Zell am See

Der Bahnsteigschaffner ist zur Stelle,
er zupft zurecht sich die Livree,
dann tönt sein Pfiff, er hebt die Kelle.
Gleich fährt wohl ab, trotz Eis und Schnee,
der letzte Zug nach Zell am See.

Drei Burschen kommen noch gelaufen,
leicht angeschickert, und sie schnaufen
und eilen, rutschen, um noch schnell,
sofern es reicht, eventuell
sich in den Zug hinein zu schwingen.
Und zweien tut dies auch gelingen
im allerletzten Augenblick.
Die Türen schließen: rums und klick.
Und, ach, der Dritte bleibt zurück.

Der Zug, der setzt sich in Bewegung.
Dies bringt die zwei nun in Erregung.
Dass sie hier drinnen und der Dritte
nicht folgen konnte ihrem Schritte,
das hat sie tief ins Mark getroffen.
Gerümpft die Nas', den Mund weit offen,
die Faust geballt, die Blicke leer,
verstehen sie die Welt nicht mehr
und führen ihre Seelenpein
zurück auf zwölf Glas Fuselwein.

Inzwischen, auf dem Bahnsteig, wo
der dritte Kumpel ebenso
mit seinem Schicksal hadern tut,
meint es der Schaffner mit ihm gut:
„Oh, dass die Türen so schnell schlossen,
das hat Sie sicherlich verdrossen.
Und ich verstehe absolut,
wie Ihnen innerlich zumut.
Sie werden jetzt sehr traurig sein!"

„Durchaus, da stimm ich überein,
doch traurig bin nicht ich allein.
Die Freunde, die im Zuge kauern,
sind gleichfalls ernsthaft zu bedauern.
Sie hatten gar nicht die Idee,
jetzt nachts zu fahrn nach Zell am See.
Sie wollten nur, vergnüglich, froh,
als Kameraden von Niveau,
mir eine kleine Freud' bereiten
und bis zum Bahnsteig mich begleiten."